AF326303

LA COLOMBE DE BOUDDHA

CONTE LYRIQUE JAPONAIS EN UN ACTE

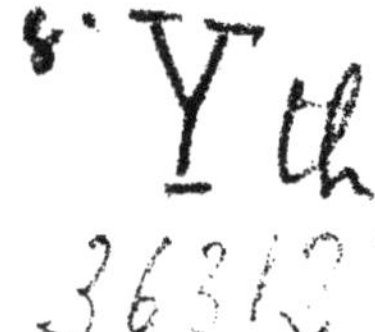

LA
Colombe de Bouddha

CONTE LYRIQUE JAPONAIS EN UN ACTE

Poème d'André ALEXANDRE

Musique de
Reynaldo HAHN

PRIX NET : 1 FR.

PARIS

AU MÉNESTREL, 2bis, RUE VIVIENNE (2e), HEUGEL

ÉDITEUR-PROPRIÉTAIRE POUR TOUS PAYS

Tous droits de reproduction, de traduction, d'arrangement et de représentation
réservés en tous pays

Copyright by HEUGEL 1921

8e Yth
36312

LA
Colombe de Bouddha

CONTE LYRIQUE JAPONAIS EN UN ACTE

Poème d'André ALEXANDRE

Musique de

Reynaldo HAHN

PRIX NET : **1** FR.

PARIS

AU MÉNESTREL, 2bis, RUE VIVIENNE (2ᵉ), HEUGEL

ÉDITEUR-PROPRIÉTAIRE POUR TOUS PAYS

Tous droits de reproduction, de traduction, d'arrangement et de représentation
réservés en tous pays

Copyright by Heugel 1921

PERSONNAGES

JONQUILLE, fille adoptive de Kobé.

OSAKI, vieux bonze.

KOBÉ, jardinier.

YAMATO, chef jongleur.

La scène se passe au Japon, sur une colline près d'Yeddo.

Pour tout ce qui concerne la représentation, pour la location de la partition et des parties d'orchestre, des parties de chœurs, de la mise en scène, des dessins des décors et des costumes, s'adresser exclusivement à M. HEUGEL, Au Ménestrel, 2bis, rue Vivienne, Paris (IIe), seul éditeur-propriétaire pour tous pays.

Les représentations au piano, même fragmentaires, sont formellement interdites.

Cot : 27.812

LA COLOMBE DE BOUDDHA

Un enclos avec grands cèdres, fleurs et feuillages. Au fond, une vieille pagode. A gauche, une énorme idole, le dieu Ama-Térace-Omi-Kami, en bronze et or; à droite, alignement de pierres funéraires, tombeaux des Samouraïs qui, dans un décor très lumineux, ne doivent pas donner une impression de tristesse.

Au lever du rideau, Jonquille et Kobé fleurissent le Bouddha, dévotement et avec mille précautions.

SCÈNE PREMIÈRE

Jonquille, Kobé

Kobé

Ornons l'idole vénérée,
Le Bouddha qui sourit dans sa splendeur sacrée.

Jonquille

Voici le trèfle mauve, l'anémone,
    Enfant de la terre nipponne,
    Et le lotus, le dahlia...
Ah! qu'il est beau, notre Bouddha!

Kobé

Devant ton image de bronze,
    O Roi fleuri,
Ama-Térace-Omi-Kami,
    Quel est le bonze
Qui ne s'inclinera charmé?

Jonquille, *les yeux à l'horizon, pensive*

    Vois, Kobé, dans l'espace,
Un vol de cigognes qui passe!

Kobé

Pourquoi soupires-tu, mousmé ?
Sur ton front pourquoi cette ombre légère ?
Sous le ciel bleu,
Près de ton dieu,
Près des Samouraïs dormant dans le mystère,
Jonquille, n'es-tu pas heureuse, mon enfant ?

Jonquille

Heureuse, oui !... Pourtant...
Là-haut ces oiseaux, ces ailes magiques !
Comme eux je voudrais un instant
M'envoler, voyager loin des temples antiques,
Monter vers des mondes inconnus.

Kobé, *la grondant doucement*

Quelle folie ! Enfant, n'y songe plus !
Va cueillir la pivoine
Dans l'enclos de Bouddha ;
Cherche des grains d'avoine
Pour mes colombes, va !

*(Elle achève de disposer des fleurs dans un vase, puis
s'éloigne légère, rieuse, en saluant Osaki, le bonze, qui
vient d'entrer.)*

SCÈNE II

Kobé, Osaki

Osaki

Avant l'office,
J'aime à me promener ici.

Honneur à toi, Kobé, par qui
Le jardin toujours vert, l'ombre toujours propice
    Enchantent mon esprit...

(*Voyant Kobé distrait.*)

    Mais tu ne m'entends pas...

Kobé

    Écoute, écoute, prêtre !
De mon cœur je ne suis plus maître :
Cette mousmé, fille d'une guécha,
    Et que j'ai recueillie
    Quand sa mère expira,
Cette mousmé vivant ici de notre vie,
    Eh bien ! écoute mon aveu...
    Moi, le vieux jardinier du dieu
Omi-Kami, je l'aime, oui, je l'aime.

Osaki, *doucement*

Chasse de ton cœur ses yeux souriants :
L'hiver ne peut pas s'unir au printemps !

Kobé

L'enfant ne sait rien de ma peine extrême ;
    Je n'ose la lui révéler moi-même.

Osaki

Chasse de tes yeux ses yeux souriants :
L'hiver ne peut pas s'unir au printemps !

Kobé

Qu'elle parte un jour, qu'elle disparaisse,
C'est la mort pour moi, l'infâme détresse.

Osaki

Quand l'oiseau s'en va du cèdre touffu,
L'arbre ne meurt pas. Pourquoi mourrais-tu ?

(*Il va s'éloigner.*)

Kobé, *le retenant*

Tu ne conçois pas toute ma misère,
Toi, qui n'as jamais aimé sur la terre.

Osaki

Qu'en sais-tu, Kobé ? Renonce et comprends :
L'hiver ne peut pas s'unir au printemps !

(*Il se prosterne devant le Bouddha, tape dans ses mains
« pan, pan, pan », pour chasser les mauvais esprits; puis
il entre dans la pagode.*)

Kobé

L'hiver ne peut pas s'unir au printemps !
Il exagère.
Oui... Oui...
Il doit se tromper, Osaki.

(*Dans l'éloignement s'élèvent des chants et des cris
joyeux. Jonquille arrive en courant.*)

SCÈNE III

Jonquille, Kobé, *puis* **Yamato** *suivi de Comédiens, Jongleurs, Guéchas, tous couverts de masques grimaçants,
pittoresques.*

Jonquille, *heureuse*

O Kobé, des danseuses,
Des jongleurs, des chanteuses !
Ils viennent !

Kobé, *maussade*

Oui ! Je les entends.

Chœur

Nous sommes des artistes,
Des jongleurs, des équilibristes !
Comédiens errants,
Amusant au passage
Les cités, le village ;
Très fervents, nous venons ici
T'implorer, grand Omi-Kami,
Afin que ta bonté nous accompagne.

(*Ils sont entrés peu à peu.*)

Yamato

Près des Samouraïs dormant dans leurs tombeaux,
Les yeux à jamais clos,
Nous venons t'adorer sur la sainte montagne,
O grand Bouddha ! Sous ton égide, nous plaçons
Ce qui fait notre gloire :
Chants et jeux de toutes façons,
Boules de cristal et d'ivoire,
Tours curieux
De passe-passe, fines jongleries,
Malices, danses... Faites, ô très puissants dieux,
Que nos chemins soient fructueux,
Nos escarcelles bien remplies.

(*A Jonquille et à Kobé.*)

Pour toi, mousmé, pour toi, barbon,
Seule nous suffira votre admiration :
Nous allons vous chanter quelque chanson très belle
Par où notre génie excelle.
Voulez-vous : *Tout là-haut, sur le Fousi-Yama ?*

Kobé

Non !

Yamato

Préférez-vous : *Les Célestes Tortues ?*

Jonquille

Oh ! non, pas celles-là,
Elles nous sont connues.

Yamato

Le Beau Papillon à cornes de bœuf,
Le Palanquin fleuri ?

Kobé

Non ! Quelque chose
De plus neuf !

Yamato

Le Kangourou morose ?

Kobé

Non ! non !

Jonquille

Chantez-nous : *La*
Colombe de Bouddha.

Yamato et les Comédiens

Connaissons pas !

Jonquille

Dois-je essayer de vous la dire ?

Les Comédiens

Certainement !

Yamato

On vous écoute impatient !

(*Bas à ses compagnons.*)

Nous allons rire !

Jonquille

A ceux qui vont mourir d'amour,
Bouddha, du haut de son séjour,
Envoie une Colombe frêle ;
Et la Colombe, sur son aile,
Recueille l'âme du mourant
Et l'emporte au dieu qui l'attend,
Resplendissant
D'aube éternelle !

Yamato et les Comédiens

Vraiment pas mal !

Jonquille

Entre les mains du dieu, l'oiseau
Remet le précieux fardeau.
Le dieu, dans sa bonté suprême,
Berce l'âme sur son cœur même ;
Et pour qu'elle ait de l'horizon
Le reflet pourpre et vermillon,
Il change l'âme en papillon
Ou bien en chrysanthème.

Yamato

Mousmé, quel est ton nom ?

Jonquille

Jonquille.

Yamato

Tu chantes, par Bouddha,
Comme l'oiseau de la charmille.

Jonquille, *rieuse*

C'est de famille :
Ma mère était guécha.

Yamato

O Jonquille !
J'ai rencontré, par les chemins nippons,
Bien des mousmés charmantes, je m'en flatte.
Elles avaient des pieds mignons, mignons,
Et des yeux d'or, une grâce de chatte.

L'une savait jouer de l'éventail
Avec tant d'art et tant de gentillesse !
Et l'autre avait des lèvres de corail
Fleurant si bon l'adorable jeunesse !

J'ai rencontré, non sans frémir d'émoi,
Bien des mousmés charmantes, j'imagine ;
Mais je n'en ai jamais vu comme toi
D'aussi mutine et câline et divine !

Jonquille, *se récriant, quoique très satisfaite*

Pour une humble fille des champs,
Jongleur, c'est trop de compliments.

Kobé, *mécontent, à Jonquille*

Ne l'écoute pas ! C'est leur habitude,
A ces jongleurs,
De tenir des propos menteurs.

Yamato, *à Jonquille*

Et tu vis ici, dans la solitude?

Kobé

De la divinité
Jonquille est la servante;
Elle en est fière, elle s'en vante.

Yamato

Tu vis ici?

Kobé

Et pourquoi pas?

Jonquille

Avec Kobé,
Je porte des fleurs à l'idole.

Yamato

Tâche bien obscure!

Kobé

Ah! sacrilège parole!

Yamato

Nos grands héros, les fiers Samouraïs,
Veulent pour toi, Jonquille, un autre rôle.
Viens, suis-nous dans tout le pays,
Et par tes chansons où ta voix met tant de flammes,
Au loin, sous le vaste horizon,
Réveille notre vieux Japon,
Exalte les cœurs et les âmes!

(Osaki paraît sur le seuil de la pagode.)

Kobé, *à Jonquille*

Ne l'écoute pas!

Yamato

Nos antiques chants guerriers,
Nos légendes pieuses
Et nos complaintes amoureuses,
Ta voix, de foyers en foyers,
Les répandra pure et sonore,
Et partout, riches, indigents,
Jeunes et vieux, seigneurs et pauvres gens
T'acclameront comme le retour d'une aurore.

Les Comédiens, *à Jonquille*

Viens, mousmé !

Jonquille

Moi, partir ?

Yamato

C'est ton devoir !

Kobé

Enfant,
Ne le crois pas ! Ne le crois pas, il ment, il ment.
(Osaki, descendant de la pagode, s'est avancé vers Kobé.)

SCÈNE IV

Les mêmes, Osaki

Osaki

Il a raison, Kobé ! Chaumière
Ou palais, cette enfant doit, en chaque logis,
Des grandes choses de jadis
Raviver la lumière.

Va, Jonquille, suis-les. Guécha, tu chanteras...
Nos croyances, nos dieux, tu les glorifieras !
Du haut de son trône
Le sublime Esprit te l'ordonne.
Car il ne chérit pas
Seulement les fleurs d'ici-bas.
Autant que les pourpres chrysanthèmes,
Autant que le trèfle des matins,
Aimés de Bouddha sont les poèmes
Qui rafraîchissent les cœurs humains.

Jonquille, *comme en extase*

O tâche trois fois sainte !
J'entends une voix qu'en la nuit
Du passé je croyais éteinte !
Ma mère, ma mère me dit :
« Pars, Jonquille !
Il faut chanter comme l'oiseau de la charmille,
Comme le vent sur les sommets.
Chante dans l'aube printanière,
Dans le soleil, dans la lumière ;
Car chanter, c'est aimer et c'est vivre à jamais ! »
Adieu, Kobé !

Kobé

Quelle est la force surhumaine
Qui là-bas,
Vers le bruit, vers la foule, entraîne
Tes pas ?
Hélas !
Le vieux Kobé qui désespère,
Tu l'abandonnerais ?

Jonquille

Je reviendrai, mon père,
Sitôt les premiers frimas.
Vous me verrez joyeuse et glorieuse et fière,
Et vous m'ouvrirez les bras.
Adieu ! Je reviendrai, ne pleurez pas, mon père...

(Elle l'embrasse, puis s'éloigne avec Yamato et les Comédiens. Le soleil couchant baigne les choses d'une lueur sanglante. La cloche de la pagode tinte, lente et grave.)

Kobé

Elle ne reviendra pas !

Osaki, *s'approchant de lui*

Pauvre Kobé ! Chasse de tes yeux son image !
L'hiver ne pouvait s'unir au printemps.
Va prier les dieux bienfaisants,
Ils te donneront le courage;
La paix, l'oubli !...

(Il sort lentement. Kobé reste un moment accablé, la tête dans ses mains; puis il se redresse et se dirige vers la statue de Bouddha.)

SCÈNE V

Kobé, *seul*

Kobé

O dieu fleuri,
O très grand, dieu qui tiens les célestes balances,
Tu connais mes souffrances
Et leur poids écrasant,
A côté d'un bonheur au lointain s'effaçant.

Père de toutes chôses,
Toi qui fais naître et se flétrir les roses,
Très vénérable Omi-Kami,
Je souffre trop... Prends-moi ! Sur tes genoux je pose
Mon visage blêmi.
O douceur ! Ivresse !
Ta large main de bronze me caresse !
Je la sens qui me rafraîchit !
Oh ! merci, merci !
Et voici que des brises folles
Passent, m'apportant des corolles,
Trèfles, lotus, baisers de mon jardin. Merci,
Merci, Omi-Kami.

(Au loin, voix de Jonquille. Kobé se tait, prête l'oreille, sourit.)

Jonquille

A ceux qui vont mourir d'amour,
Bouddha, du haut de son séjour,
Envoie une Colombe frêle ;
Et la Colombe, sur son aile,
Recueille l'âme du mourant
Et l'emporte au dieu qui l'attend,
Resplendissant
D'aube éternelle !

Kobé, *halluciné*

Merci, merci,
Omi-Kami.
Le soir tombe ;
Une colombe
Sur moi se pose. Doucement
Son chant
Me berce et me frôle...

(*Très faiblement.*)

Mais elle ouvre son aile, elle s'envole...

(*Il meurt. La cloche de la pagode, puis toutes celles des temples voisins se mettent à sonner, frénétiques, en vibrations claires, infinies. Le rideau baisse lentement.*)

Imp. A. LEBOIS & ses Fils. — Bar-sur-Aube

En vente AU MÉNESTREL, 2 bis, rue Vivienne, Paris (2e)
HEUGEL, Éditeur-Propriétaire pour tous pays.

LA COLOMBE DE BOUDDHA

CONTE LYRIQUE JAPONAIS EN UN ACTE

d'André ALEXANDRE

Musique de Reynaldo HAHN

Partition piano et chant .... **Prix net 8 francs**

CHEZ LE MÊME ÉDITEUR, les opéras, drames lyriques, opéras-comiques :

ADAM. *Cagliostro*, 3 a.
— *Richard en Palestine*, 3a.
AUBER. *Gustave III*, 5 a.
— *La Fiancée du Roi de Garbe*, 3 a
BEETHOVEN. *Fidelio*, 3 a.
— *Les Ruines d'Athènes* et *Le Roi Estienne*.
BEMBERG. *Baiser de Suzon*, 1 a.
BLOCKX. *La Chapelle*, 1 a.
— *La Fiancée de la Mer*, 3a.
— *Princesse d'Auberge*, 3a.
— *Thyl Uylenspiegel*. 3 a. 4 t.
BOIELDIEU. *Le Calife de Bagdad*, 1 a.
— *Jean de Paris*, 2 a.
— *Ma Tante Aurore*, 2 a.
BORDOGNI. *Lola*, 1 a.
CHARPENTIER. *Louise*, 4 a. 5 t.
CHERUBINI. *Les deux Journées*, 3 a.
— *Elisa*, 3 a.
— *Lodoïska*, 3 a.
CUI. *Le Flibustier*, 3 a.
DAVID. *Perle du Brésil* 3 a.
DELIBES. *Jean de Nivelle*, 3 a.
— *Kassya*, 4 a.
— *Lakmé*, 3 a.
— *Le Roi l'a dit*, 3 a.
DUBOIS. *Aben-Hamet*, 4 a.
— *La Guzla de l'Emir*, 1 a.
— *Xavière*, 3 a.
DUPONT. *La Farce du Cuvier*, 2 a.
— *Antar*, 4 a. 5 t.
— *La Glu*, 4 a. 5 t.
DUPRATO. *La Fiancée de Corinthe*, 1 a.
DUPRÉ. *Joanita*, 3 a.
FAURÉ. *Pénélope*, 3 a.
FÉVRIER. *Carmosine*, 4 a
— *Gismonda*, 4 a.
— *L'Ile désenchantée*, 2 a.
— *Monna Vanna*, 4 a.
— *La Damnation de Blanchefleur*, 2 a.
— *Le Roi aveugle*, 2 a.
GAUTIER. *La Clé d'Or*, 3 a.
GIORDANO. *A. Chénier*, 4 a.
GLUCK. *Alceste*, 3 a.
— *Orphée*, 4 a.
GRÉTRY. *Richard Cœur-de-Lion*, 3 a.
HAHN. *La Carmélite*, 4 a. 5 t.

HAHN. *L'Ile du Rêve*, 3 a.
— *Nausicaa*, 2 a.
HARTOG. *L'Amour et son Hôte*, 1 a.
JAQUES-DALCROZE. *Le Bonhomme Jadis*, 1 a.
— *Les Jumeaux de Bergame*, 2 a.
KEIL. *Dona Branca*. 4 a.
LALO. *Le Roi d'Ys*, 3 a.
LAMBERT. *Brocéliande*, 4 a.
LEFEBVRE. *Le Trésor*, 1 a.
LIMNANDER. *Le Château de la Barbe-Bleue*, 3 a.
— *Les Monténégrins*, 3 a.
MACHADO. *Lauriane*, 4 a.
MAINGUENEAU. *Ninon de Lenclos*, 4 actes.
MASCAGNI. *L'Ami Fritz*, 3 a.
— *Cavalleria rusticana*, 2 a.
MASSÉ. *Paul et Virginie*, 3 a. 6 t.
MASSENET. *Ariane*, 5 a.
— *Bacchus*, 5 a.
— *Cendrillon*, 4 a.
— *Le Cid*, 4 a. 10 t.
— *Chérubin*, 3 a.
— *Cléopâtre*, 4 a. 5 t.
— *Don César de Bazan*, 4 a.
— *Don Quichotte*, 5 a.
— *Esclarmonde*, 4 a. 8 t.
— *Grisélidis*, 3 a. 4 t.
— *Hériodade*, 4 a. 7 t.
— *Le Jongleur de Notre-Dame*, 3 a.
— *Le Mage*, 5 a.
— *Manon*, 5 a.
— *Marie-Madeleine*, 3 a.
— *La Navarraise*, 2 a.
— *Panurge*, 3 a.
— *Le Portrait de Manon*, 1 a.
— *Le Roi de Lahore*, 5 a.
— *Roma*, 5 a.
— *Sapho*, 5 a.
— *Thaïs*, 3 a. 7 t.
— *Thérèse*, 2 a.
— *Werther*, 4 a.
MÉHUL. *Joseph*, 3 a.
MERCADANTE. *Léonora*, 4 a.
MISSA. *L'Hôte*, 3 a.
MONSIGNY. *Le Déserteur*, 3 a.
MORET. *Lorenzaccio*, 4 a. III t.
MOZART. *Don Juan*, 5 a.
— *La Flûte enchantée*, 4 a.

MOZART. *L'Oie du Caire*, 2 a.
OLAGNIER. *La Saïs*, 4 a.
OLLONE (d'). *Le Retour*, 2 a.
PAISIELLO. *Le Barbier de Séville*, 4 a.
PEDROTTI. *Fiorina*, 2 a.
PIERNÉ. *On ne badine pas avec l'Amour*, 4 a.
PILATI et FLOTOW. *Le Naufrage de la Meduse*, 4 a
POISE. *Les deux Billets*, 1 a.
PUGET. *Beaucoup de bruit pour rien*. 4 a. 5 t.
RASPAIL. *Sabbat pour rire*, 1 a.
REYER. *Sigurd*, 4 a. 9 t.
RICCI. *Docteur rose*, 3 a. 5 t.
RICHEPIN. *La Marchande d'Allumettes*, 3 a.
ROSSINI. *Le Barbier de Séville*, 4 a.
— *Bruschino*, 2 a.
— *Othello*, 3 a.
— *Sémiramis*, 4 a.
RUBINSTEIN. *Le Démon*. 3 a.
— *Néron*, 4 a. 7 t.
SCHUBERT. *La Croisade des Dames*, 1 a.
STADLER. *Bois de Daphné*, 1 a.
THOMAS. *Le Caïd*, 2 a.
— *La Cour de Célimène*, 2 a.
— *Françoise de Rimini*, 4 a.
— *Hamlet*, 5 a.
— *Mignon*, 3 a.
— *Le Panier fleuri*, 1 a.
— *Psyché*, 4 a.
— *Raymond*, 3 a.
— *Le Songe d'une Nuit d'été*, 3 a.
— *Le Tonelli*, 2 a.
VERCKEN. *Pierrot fantôme*, 1 a.
VERDI. *Le Bal Masqué* 4 a.
— *Jérusalem*, 4 a.
VIDAL. *Eros*, 3 a. 5 t.
VOGEL. *La Moissonneuse*, 4 a.
WECKERLIN. *La Laitière de Trianon*, 1 a.
— *L'Organiste*, 1 a.
WIDOR. *M. Ambros*. 4 a. 5 t.
— *Les Pêcheurs de Saint-Jean*, 4 a.

www.ingramcontent.com/pod-product-compliance
Lightning Source LLC
LaVergne TN
LVHW021451060726

842527LV00006B/2185